WINTER CUP 2019

OFFICIAL PHOTO BOOK

キーワードで振り返る
WINTER CUP 2019
激闘の記憶

挑

CHALLENGE

熱
HEAT

技
TECHNIC

翔
FLY

歓人

HAPPY

涙
TEARS

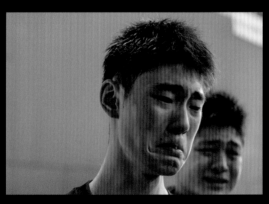

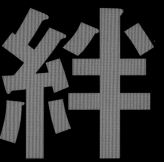

絆

BONDS

WE ARE BEST 8

男子8強の熱き闘いをプレイバック！

取材・文：青木美帆

🏆 男子優勝

福岡第一 ［総体1位／福岡］

圧倒的な強さをみせつけ大本命・福岡第一が2年連続Ｖと二冠を達成！

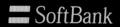

史上初となった福岡対決は感動のブザービーターで終幕

男子決勝　VS 福岡大学附属大濠

WIN		決勝戦		LOSE
福岡第一（総体1位／福岡）	23	1st	14	福岡大学附属大濠（福岡）
75	19	2nd	15	**68**
	17	3rd	19	
	16	4th	20	

福岡第一は河村勇輝とクベマ ジョセフ スティーブ（ともに3年）の"必勝"ラインで得点を重ね、前半で大量リードを奪う。福岡大附属大濠も意地を見せ、第4クォーターには西田公陽（3年）らを中心とした猛攻で詰め寄り、最後は横地聖真（3年）が意地のブザービーターを決めたが及ばず。試合終了後には互いに抱き合う感動の終幕に。

日本一いい練習を糧に
プレッシャーを乗り越えた

昨年度のウインターカップで圧勝Vを飾ったチームから、ガードの河村勇輝、小川麻斗、センターのクベマジョセフ スティーブ（いずれも3年）が残り、最上級生になった──。この事実だけで、今季の福岡第一は他チームから頭抜けた力を持っていた。

今大会に向けて準備したことを井手口孝コーチに尋ねると、「体力を落とさないことと、ケガをしないこと」と、拍子抜けするほどシンプルな回答。「それくらい、チームの精度が高かったということです」と指揮官は説明した。

エースの河村は、「『負けてはいけない』という緊張感は、昨季の県予選決勝くらいからずっと続いていました」と振り返る。さらに、11月末の天皇杯2次ラウンドでBリーグの強豪・千葉ジェッツと好ゲームを演じたことで、周囲の期待はいっそう高まり、プレッシャーも増した。

そんなときに灯となったのが、福岡第一の根幹を支える練習だった。「他のチームよりも練習をして、自信を持って試合に臨もうと思っていました」河村はそう話し、小川も「この練習を乗り越えれば絶対優勝で

きると思っていた」と続く。

この練習の中で、昨年までほとんど出場機会のなかった内尾聡理や神田壮一郎（ともに3年）が成長し、スタメンとしての役割をしっかりと果たせるようになったことで、チームの強さはさらに揺るぎないものになった。

「今年のチームの練習量や取り組む姿勢は、間違いなく歴代ナンバー1。いろんなものを犠牲にして、日本のバスケットボールチームの中で一番長くいい練習をしてきただろう子どもたちを褒めてあげたいです」

優勝記者会見で、井手口コーチは手放しに選手たちをたたえた。

厳しい練習を
乗り越えた仲間たちと
つかんだ栄光！

| 男子準決勝 | VS 東山 （京都） | 71-59 |

TOURNAMENT REPORTS

初戦の北陸学院戦（94-58）は多少出だしでもたついたが、その後は順当に勝ち進み、頂点へ。「ケガ人も出ず、うちにしては珍しくスムーズな勝ち上がりだった」と井手口コーチは大会を振り返る。

そんな福岡第一が今大会唯一苦戦したといえるのが、準決勝の東山戦だ。東山の徹底したディレード（遅攻）とセンターの高さにリズムを狂わされ、今大会初めて前半をビハインドで終える。それでも後半はディフェンスの強度を上げ、持ち味の走るバスケットで逆転に成功。東山も必死の追撃を図ったが、残り1分で河村が3ポイントを沈め、勝負あり。

この試合はスタメン5人がほぼ出ずっぱり。内尾が捻挫し、河村も試合後に足の違和感を訴えたため、決勝の福岡大附属大濠戦は残念ながら第一らしさが出しきれなかったが、河村とスティーブがトリプルダブル、小川がダブルダブルと力を見せた。

TEAM MVP

#8 河村勇輝 （3年）

福岡第一のスーパーエース。持ち前のスピードやパスセンスはもちろん、1年次のウインターカップ以降必死に練習してきたアウトサイドシュートやリーダーシップでも仲間を引っ張った。

| 男子準々決勝 | VS 桜丘 （愛知） | 87-48 |

| 男子3回戦 | VS 九州学院 （熊本） | 104-59 |

男子準優勝 福岡大学附属大濠 [福岡]

9度目の挑戦も成功ならず…
それでも見せた「名門の底力」

今季9度目となる福岡大附属大濠と福岡第一の対戦が実現したのは、なんと全国大会の決勝。福岡大附属大濠は8戦全敗の対戦成績を最後の1勝でひっくり返したかったが、残念ながら達成ならず…。横地聖真が最後に決めたブザービーターは、観客の大きな感動を呼んだ。

| 男子準決勝 | VS 北陸 （福井／総体2位） | 99-69 |

TOURNAMENT REPORTS

　2年ぶりのウインターカップ出場となった福岡大附属大濠。最初の山場は2回戦の開志国際戦で、今季一度も勝てていない相手に対し、エースの横地聖真（3年）が30得点、スーパールーキーの岩下准平（1年）が24得点（うち3ポイント7本）と爆発し、82-76で会心の勝利を収めた。

　「この試合に勝ったことで、選手たちが自信を得ることができた」と片峯聡太コーチ。洛南、延岡学園、北陸と実力校を次々と破り、ついに念願の福岡第一との決勝を迎えた。この試合はそれまで控えだった田邉太一（3年）をスタメン起用し、河村勇輝をシャットアウト。しかし、クベマ ジョセフ スティーブのリバウンドとブロックを最後まで攻略できず、今季9度目の挑戦も失敗に終わった。

　「勝てなかったのは私の指導力のなさ。選手たちは最後まであきらめることなく頑張りました」と片峯コーチは総括した。

TEAM MVP

#14 横地聖真（3年）

福岡第一戦は相手の好守に阻まれながらも、勇気を持ってアタックし続けた姿が印象的。得点を取れない分をリバウンドでカバー、エースとして精神的な成長を遂げた。

| 男子準々決勝 | VS 延岡学園 （宮崎） | 63-52 |

| 男子3回戦 | VS 洛南 （京都） | 75-60 |

男子3位　東山［京都］

王者・福岡第一を最も苦しめたチーム

TOURNAMENT REPORTS

　昨年のウインターカップ、今年のインターハイと、2大会連続で福岡第一に頂点を阻まれ、10月の交歓大会では、本調子ではなかったとはいえ福岡第一に今季唯一の黒星をつけた東山は、今大会の目標を「打倒・福岡第一」とし、対戦が実現される準決勝に焦点を置き準備を進めてきた。

　ついに実現した最後の対戦で、東山は序盤の主導権を握った。脇阪凪人（3年）や米須玲音（2年）がアウトサイドシュートを小気味よく決める。守ってはムトンボ ジャン ピエール（2年）が相手センターに仕事をさせず、10点リードで前半終了。後半はギアを入れ替えた福岡第一に逆転を許し、その後も巻き返すことはかなわなかったが、今大会最も福岡第一を追い詰めたチームであったことは間違いない。

　米須、ピエールら2年生に加え、1年生では西部秀馬が残る来季に、日本一の夢は引き継がれる。

TEAM MVP

#5 脇阪凪人（3年）

大澤徹也コーチが全幅の信頼を寄せる主将。166センチと小柄ながら、その存在感は誰よりも大きかった。福岡第一戦ではチームトップの18得点（うち3ポイント4本）をあげて、好ゲームを演出した。

| 男子準々決勝 | VS 報徳学園（兵庫） | 72-68 |

| 男子3回戦 | VS 県立豊浦（山口） | 66-44 |

男子3位 **北陸** [総体2位／福井]

TOURNAMENT REPORTS

インターハイでダークホースとして勝ち上がり、準優勝した北陸。「夏の結果はまぐれだったと言わせたくない」という強い気持ちでウインターカップを戦い、しっかりと3位入賞を果たした。

今大会の北陸を象徴するキーワードは3ポイントシュート。1試合で40本の3ポイントを打つことをテーマに掲げ、大会前から準備を重ねてきた。準々決勝の明成戦は、このスタイルが見事に的中し、髙橋颯太（3年）が8本、米本信也（2年）が7本の3ポイントを成功。有望選手がそろう明成を86-65で下した。しかし、同じようなスタイルを掲げる福岡大附属大濠との対戦では3ポイントを対策され、守っては相手の速攻を止められなかった。

米本、小川翔矢、土家拓大（ともに2年）ら個性的な好選手が来季に残る。「今後につながるゲームはできました」（重野善紀コーチ）。

TEAM MVP

#5 髙橋颯太（3年）

今年の北陸を象徴するシューター。2回戦の長崎西戦でも7本の3ポイントを沈めている。ボールを持てばとにかくシュート。思い切りの良さが光った。副キャプテンとしてもチームを支えた。

| 男子準々決勝 | VS 明成（宮城） | 86-65 |

| 男子3回戦 | VS 八王子学園八王子（東京） | 86-66 |

男子BEST8 　延岡学園 [宮崎]

TOURNAMENT REPORTS

序盤から接戦をしのいでメインコートへ。準々決勝の福岡大附属大濠戦はワンサイドゲームとなったが、最後まで戦う姿勢をみせた。「今までなら下を向いていた」。楠元龍水コーチは選手たちの頑張りに目元を赤くしていた。

TEAM MVP
#11 森下瞬真 (3年)

下級生の時からアグレッシブなプレーが光ったガード。今大会も5試合すべての試合で20得点以上をスコア。福岡大附属大濠戦も最後まで果敢にアタックを繰り返し、チーム最多の21得点をあげた。

男子BEST8 　桜丘 [愛知]

TOURNAMENT REPORTS

得点源だった富永啓生 (レンジャーカレッジ) が抜けた今年は、チームバスケで勝負。大一番の県立能代工業戦では、セン マム リバス (2年)、木村貴郎、山本星矢、村口宗羅 (いずれも3年) がそれぞれ2ケタ得点をあげた。

TEAM MVP
#13 木村貴郎 (3年)

桜丘が誇る"ミスター・エブリシング"。2回戦の光泉戦は、競った序盤に彼のランニングプレーから流れをつかんで勝利。県立能代工業戦でもひたむきにプレーし、相手のお株を奪う速攻を何本も成功させた。

男子BEST8 　報徳学園［兵庫］

TOURNAMENT REPORTS

宇都宮陸、丸山賢人、コンゴロー ディビッド（いずれも2年）ら下級生主体のチームながら、インターハイに続いてのベスト8入り。準々決勝の東山戦はあと一歩及ばず悔しい思いをしたが、来季への貴重な経験となった。

TEAM MVP

#20 宇都宮陸（2年）

東山戦ではオフェンスの起点として活躍。20得点5アシストと好スタッツをあげたが、チームがうまくかみ合わずベンチに下がった時間が悔やまれる。東山の米須と並び、来季注目のポイントガードだ。

男子BEST8 　明成［宮城］

TOURNAMENT REPORTS

菅野ブルース、山﨑一渉、山崎紀人と、3人の190センチ超のルーキーをスタメンに起用し大きな注目を集めた明成。彼らがスケールの大きなプレーを見せる一方で、蒔苗勇人、木村拓郎ら3年生が渋くルーキーをカバーした。

TEAM MVP

#12 木村拓郎（3年）

序盤戦の山となった2回戦の東海大付属諏訪戦で、相手エースを徹底的にフェイスガード。派手さはないが、ルーズボールやリバウンドなどでチームを助け、キャプテンとしてリーダーシップを発揮した。

ALL MATCH REVIEW

WINTER CUP 2019 全試合完全詳報

福　岡　第　一（総体1位 福岡）

北　陸　学　院（石川）

つ　く　ば　秀　英（茨城）

文星芸術大学附属（栃木）

九　州　学　院（熊本）

東海大学付属札幌（北海道）

八戸学院光星（青森）

奈　良　育　英（奈良）

桜　　　　丘（愛知）

光　　　泉（滋賀）

広島県瀬戸内（広島）

県立一関工業（岩手）

鳥　取　城　北（鳥取）

県立福井商業（福井）

県立能代工業（秋田）

東　　　　山（京都）

東海大学付属相模（神奈川）

藤　枝　明　誠（静岡）

県立松山工業（愛媛）

祐　　　　誠（福岡）

県　立　豊　浦（山口）

帝　京　長　岡（新潟）

実　践　学　園（東京）

岡山商科大学附属（岡山）

県　立　佐　賀　東（佐賀）

日　本　航　空（山梨）

県　立　富　山　工　業（富山）

別府溝部学園（大分）

前　橋　育　英（群馬）

報　徳　学　園（兵庫）

開　志　国　際（新潟）

福岡大学附属大濠（福岡）

県　立　海　部（徳島）

洛　　　　南（京都）

県　立　川　内（鹿児島）

県　立　豊　見　城（沖縄）

福　島　東　稜（福島）

関西大学北陽（大阪）

正　智　深　谷（埼玉）

尽　誠　学　園（香川）

県　利　府（宮城）

國學院大學久我山（開催地）

出　雲　北　陵（島根）

高　知　中　央（高知）

延　岡　学　園（宮崎）

県立広島皆実（広島）

船橋市立船橋（千葉）

中部大学第一（愛知）

白　樺　学　園（北海道）

県立和歌山工業（和歌山）

明　　　成（宮城）

明　徳　義　塾（高知）

東海大学付属諏訪（長野）

高　山　西（岐阜）

八王子学園八王子（東京）

羽　　　黒（山形）

土浦日本大学（茨城）

海　　　星（三重）

県　立　長　崎　西（長崎）

北　　　陸（総体2位 福井）

優勝 福岡第一

M24-M25　M42-M43　M58-M59　M30-M31　M42-M43　M36-M37　M66-M67　M26-M27　M46-M47　M28-M29　M58-M59　M28-M29　M46-M47　M28-M29　M22-M23　M48-M49　M22-M23　M60-M61　M36-M37　M48-M49　M36-M37　M22-M23　M44-M45　M24-M25　M60-M61　M26-M27　M44-M45　M68-M69

M50-M51　M26-M27　M62-M63　M32-M33　M50-M51　M34-M35　M38-M39　M54-M55　M38-M39　M62-M63　M40-M41　M54-M55　M40-M41　M30-M31　M56-M57　M32-M33　M64-M65　M40-M41　M56-M57　M38-M39　M72-M73　M34-M35　M52-M53　M34-M35　M64-M65　M24-M25　M52-M53

M70-M71　M74-M75　M78-M79　M76-M77

2年生の司令塔・米須玲音を擁する東山が登場。
岡山商科大附属は120点ゲームの圧勝で初戦を突破！

藤枝明誠（静岡）● 112 ― 80 ● 県立松山工業（愛媛）

藤枝明誠は留学生のふたりのオマールがリバウンド36とゴール下を制圧。松山工業は武内理貴（3年）が3ポイント5本を含む36得点と気を吐いたが及ばず。

東山は松野圭恭（3年）と脇阪凪人（3年）が高確率で3ポイントを決めていく。注目の2年生・米須玲音は14アシスト、ピエール（2年）は24リバウンドを記録した。

東山（京都）● 98 ― 59 ● 東海大学付属相模（神奈川）

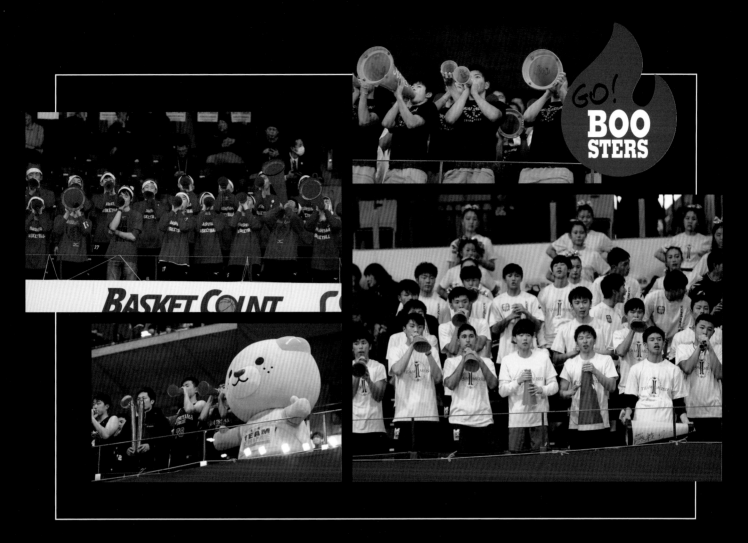

岡山商科大学附属（岡山）● 120 － 77 ● 県立佐賀東（佐賀）

岡山商科大附属は脇真大と井上成也（ともに3年）のふたりで72得点を記録。佐賀東も秀島涼汰（3年）が22得点をあげ食い下がるも120点ゲームで決着。

日本航空は終盤に3ポイントで得点を重ね初戦突破。
長崎西は終始相手を圧倒し、強さをみせつけての勝利。

日本航空（山梨）● 73 － 63 ● 県立富山工業（富山）

第3クォーター終了時点で2点差という僅差の試合を制したのは日本航空。第4クォーターに4本の3ポイントを決め、食い下がる県立富山工業を突き放した。

北陸学院は第2、第3クォーターの猛攻で一気に試合を決めた。つくば秀英も第4クォーターは26得点と意地をみせるが、追いつけないまま試合終了。

北陸学院（石川）● 72 － 59 ● つくば秀英（茨城）

GO! BOO STERS

海星（三重）● 64 － 110 ● 県立長崎西（長崎）

第1クォーターに37得点を奪った長崎西は勢いそのままに110点ゲームで快勝。今村楓と柴崎雅也（ともに3年）はそれぞれ24得点の活躍をみせた。

ノーシードながら優勝候補の一角、福岡大附属大濠が登場。
桜丘も100点ゲームで危なげなく初戦を突破した。

福岡大学附属大濠（福岡）●101－56●県立海部（徳島）

福岡大附属大濠は第1クォーターの海部の得点を6点に抑え、出足から強さをみせつける。その中で海部の2年生・細川翔平が21得点と意地をみせた。

205センチの留学生・フセイン（2年）擁する別府溝部学園だが、全員がよく動いて着実にシュートを決めていく前橋育英が徐々に点差を広げる展開で勝利。

別府溝部学園（大分）●77－89●前橋育英（群馬）

奈良育英（奈良）● 60 － 105 ● 桜丘（愛知）

前年3位の桜丘はふたりの留学生で40リバウンドとゴール下で圧倒。奈良育英の池澤悠斗（3年）は5本の3ポイントを沈めるなど28得点と奮闘した。

1 ROUND
1回戦

光泉 vs 広島県瀬戸内、一関工業 vs 鳥取城北は大接戦！
古豪・能代工業は100点ゲームで2回戦に勝ち進む。

光泉（滋賀）● 69 － 65 ● 広島県瀬戸内（広島）

1回戦屈指の接戦となったこの一戦は、終始冷静に試合を進めた光泉が勝利をつかんだ。広島県瀬戸内にとっては序盤のドタバタが最後まで響いてしまった。

こちらも大接戦。第3クォーターに11点差をひっくり返し一時はリードを奪った一関工業だったが、最終クォーター、鳥取城北の猛攻に再逆転を許してしまう。

県立一関工業（岩手）● 67 － 69 ● 鳥取城北（鳥取）

県立福井商業（福井） ● 56 ― 106 ● 県立能代工業（秋田）

能代工業が危なげなく1回戦を突破。
上村大佐と佐々木駿汰の2年生コンビ
がそれぞれ23得点と活躍。多くの選手
が出場時間を得られる試合となった。

九州学院は粘る文星芸大附属を振り切り初戦突破！
エース・三谷が奮闘するも、広島皆実は1回戦で姿を消す。

Pick up Scene

中からでも外からでも得点できる広島皆実のエース・三谷桂司朗（3年）。激しいマークにあいながらの39得点はさすがのひと言。

序盤から着実に得点を重ねた九州学院がそのまま逃げ切り。2年生のセンター・堤玲太が24得点。文星芸大附属は添野快時（3年）が31得点と奮闘した。

文星芸術大学附属（栃木）● 74 － 82 ● 九州学院（熊本）

県立広島皆実（広島） ● 73 － 91 ● 船橋市立船橋（千葉）

アンダー世代の日本代表常連、三谷桂司朗（3年）が39得点と活躍した広島皆実だったが、バランスよく得点を積み重ねた市立船橋が勝利を手にした。

1 ROUND
1回戦

留学生コンビが力を発揮した中部大第一が初戦突破。
古豪・洛南は安定した試合運びで 2 回戦に勝ち進む。

中部大学第一（愛知）● 114 ─ 74 ● 白樺学園（北海道）

中部大第一はクリバリ（3年）とトラオレ（1年）の留学生コンビで 43 得点、30 リバウンドと白樺学園を圧倒。110 点ゲームで初戦突破を決めた。

Pick up Scene

208センチ・105キロとプロ顔負けの体格を誇るトラオレ（1年）が楽々とダンクシュートを決める。白樺学園に与える心理的影響も大きかった。

洛南（京都） ● 91 － 74 ● 県立川内（鹿児島）

洛南は淺野ケニーと小川敦也の2年生コンビが44得点、30リバウンドと活躍。川内はU20代表候補の野口侑真（3年）が35得点とひとり気を吐くも及ばず。

福島東稜は留学生・フランクリンの活躍で1回戦を突破。
羽黒はスピードで土浦日本大学を圧倒し、強豪を撃破！

県立豊見城（沖縄）● 71 － 73 ● 福島東稜（福島）

1回戦の中で一番の大接戦。豊見城は赤嶺有奎（3年）を中心に攻めるも、2点差に泣いた。福島東稜は留学生・フランクリン（1年）の上手さが光った。

序盤、初出場の高山西の3ポイント攻勢に苦しめられるも、ディフェンスから落ち着きを取り戻し、得点を積み重ねていった八王子学園八王子が勝利。

高山西（岐阜）● 64 － 77 ● 八王子学園八王子（東京）

GO!
BOO
STERS

羽黒（山形）● 81 ー 75 ● 土浦日本大学（茨城）

羽黒の西魁斗（3年）、樋口蒼生（3年）のスピードのあるガードふたりが何度も土浦日本大学の強固なディフェンスを切り崩し、見事、強豪を打ち破った。

東海大学付属札幌（北海道）● 86 － 74 ● 八戸学院光星（青森）

第1クォーター終了時点で7点リードの八戸学院光星だったが、終わってみれば12点差で東海大付属札幌が勝利。4人がフルタイム出場という決死の戦いだった。

福岡県3校目の代表として初出場を果たした祐誠。キャプテンの時川司（3年）が29得点と奮闘するも、山口県代表で6年連続出場の豊浦に8点差で敗退。

祐誠（福岡）● 71 － 79 ● 県立豊浦（山口）

GO! BOOSTERS

帝京長岡（新潟）● 82 － 75 ● 実践学園（東京）

１回戦屈指の好カード。実践学園は江原信太朗と山口浩太郎（ともに３年）がともに25得点と活躍するも、留学生ふたりを含め選手層の厚い帝京長岡の前に敗れる。

1 ROUND
1回戦

尽誠学園が圧勝発進。関西大北陽は大逆転勝ちに成功！
明徳義塾は東海大付属諏訪の強力なディフェンスに屈す。

尽誠学園（香川） ● 85 ― 42 ● 県利府（宮城）

宮城県から初出場の県利府だったが、前半の得点は8点のみ。後半は奮起して粘りをみせるも及ばず、尽誠学園がダブルスコアで2回戦進出を決めた。

前半終了時点で正智深谷が16点差のリードを奪うも、関西大学北陽が第3クォーター終了時点で追いつく。そのままの勢いを保ち、大逆転勝ちを果たす。

関西大学北陽（大阪） ● 76 ― 70 ● 正智深谷（埼玉）

GO!
BOO
STERS

明徳義塾（高知） ● 68 － 97 ● 東海大学付属諏訪（長野）

第1クォーターは接戦となるが、東海大付属諏訪がオールコートプレスなどディフェンスの圧力を強めると、明徳義塾はタフショットが続き得点が奪えなかった。

明成と國學院大久我山は選手層の厚さをみせつける勝利。
延岡学園は落ち着いた試合運びで高知中央に逆転勝ち。

県立和歌山工業（和歌山）● 48 － 79 ● 明成（宮城）

徐々に明成が優位に立つ展開に。ベンチ入りメンバー全員が出場した明成に対し、和歌山工業はスタメンの5人がほぼ40分間コートに立ち続けた。

3ポイントを打ち続けた國學院大久我山の黒田悠太（3年）が第4クォーターに3本まとめ、接戦を制した。國學院大久我山はベンチ入りメンバー全員が出場。

國學院大學久我山（東京）● 88 － 77 ● 出雲北陵（島根）

GO!
BOO
STERS

高知中央（高知）● 72 - 79 ○ 延岡学園（宮崎）

前半終了時点で高知中央が18点のリードを奪うも、後半はゲームキャプテンの森下瞬真（3年）を中心に延岡学園が怒涛の攻撃で試合をひっくり返す。

この日からシード校も登場して徐々に白熱していく。
福岡第一は優勝候補にふさわしい勝ち上がりをみせる！

九州学院（熊本）● 76－44 ● 東海大学付属札幌（北海道）

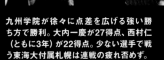

九州学院が徐々に点差を広げる強い勝ち方で勝利。大内一慶が27得点、西村仁（ともに3年）が22得点。少ない選手で戦う東海大付属札幌は連戦の疲れ否めず。

Pick up Scene

今大会注目度ナンバーワンの福岡第一のエース・河村勇輝（3年）が躍動。福岡第一が調子を上げていくと、会場のボルテージも上がっていった。

福岡第一（総体1位／福岡）● 94 － 58 ● 北陸学院（石川）

優勝候補筆頭の福岡第一が登場。第1クォーターは接戦となるが、その後はギアを上げ突き放した。注目の河村勇輝（3年）は30分強の出場で30得点。

GO! BOO STERS

岡山商科大附属は脇真大と井上成也の3年生コンビで65得点。日本航空は山田翔輝（3年）が21得点と意地をみせたが、3ポイントがなかなか決まらず涙をのんだ。

Pick up Scene

5本のブロックショットを決め、前橋育英の攻撃の前に立ちはだかった報徳学園のコンゴロー ディビッドはまだ2年生。

報徳学園は留学生のディビッド（2年）が51得点22リバウンドの圧倒的パフォーマンスを披露。前橋育英も堅実なプレーで立ち向かうが、力及ばず2回戦敗退となった。

GO!
BOO
STERS

上位進出常連校がさすがの戦いぶりをみせる！
桜丘と能代工業が順当に3回戦進出を決めた。

桜丘（愛知）● 65 － 50 ● 光泉（滋賀）

ロースコアの重い展開を桜丘が制した。留学生のリバス（2年）がディフェンスリバウンド17と貢献。光泉も粘ったが、追いつくことはできなかった。

Pick up Scene

鳥取城北（鳥取）● 69 － 79 ○ 県立能代工業（秋田）

前半終了時点で能代工業が17点リード。鳥取城北は後半巻き返しをみせ、10点差まで追い上げるも、能代工業の試合巧者ぶりが発揮された試合となった。

GO!
BOO
STERS

終盤に向け勢いを増した東山の強力オフェンスは圧巻！
豊浦は帝京長岡を相手に番狂わせを演じてみせた。

東山（京都）● 100 ― 73 ● 藤枝明誠（静岡）

東山が怒涛の攻撃で100点ゲームを達成。ピエール（2年）がディフェンスリバウンド19と拾いまくった。藤枝明誠は菊地広人（3年）が3ポイント5本を含む36得点と奮闘。

Pick up Scene

豊浦のインサイド陣が帝京長岡の屈強な留学生たちに臆することなく、果敢にゴール下の競り合いに挑んでいったのが印象的だった。

県立豊浦（山口）● 54 − 53 ● 帝京長岡（新潟）

豊浦がロースコアの試合を1点差でものにし、今大会有数の白熱の試合を制す。帝京長岡は前日の実践学園との激闘のダメージが残っていたか。

GO! BOO STERS

洛南が強豪の意地をみせ福島東稜を退ける。
福岡大附属大濠はインターハイ3位の開志国際を撃破！

洛南（京都）● 97 ― 81 ● 福島東稜（福島）

洛南は第3クォーター、福島東稜の攻撃の抑え込みに成功。着実に点を積み重ねて勝利した。福島東稜は工藤太陽（3年）が24得点と気を吐いたが及ばず。

Pick up Scene

激しいディフェンスで福島東稜の攻撃を抑え、チームの得点へとつながる5アシストを記録した洛南の主将・北橋岳洋（3年）。

開志国際（新潟） ● 76 － 82 ● 福岡大学附属大濠（福岡）

シード校として登場した開志国際だったが、福岡大附属大濠の前に苦杯を嘗めることになった。福岡大附属大濠は1年生の岩下准平が3ポイント7本成功と大爆発。

GO! BOOSTERS

八王子学園八王子が羽黒のハイスピードバスケ封じに成功！
シード校で初登場の北陸は長崎西を3点差で退ける。

八王子学園八王子（東京）● 85 － 58 ● 羽黒（山形）

八王子学園八王子が羽黒のスピードバスケに上手く対応し、3回戦進出。八王子学園は15点以上の得点者が4人と、どこからでも点が取れることを証明してみせた。

Pick up Scene

接戦を演じる要因となったのが長崎西の柴崎雅也（3年）の活躍。32得点13リバウンドという堂々たる結果を残した。

県立長崎西（長崎） ● 79 ― 82 ● 北陸（総体2位／福井）

インターハイ2位の北陸はシード校としてこの試合から登場。やや硬さがあったものの徐々にその実力と試合巧者ぶりを発揮し、長崎西は3点差に泣いた。

GO!
BOO
STERS

最後までアグレッシブなバスケをやりきった尽誠学園。
延岡学園は3ポイント24本の打ち合いを制した。

関西大学北陽（大阪）● 34 － 72 ● 尽誠学園（香川）

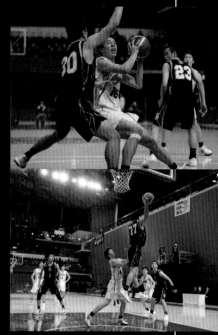

尽誠学園の圧力あるディフェンスの前に
関西大北陽の攻撃が沈黙。尽誠学園は
キャプテンの松尾海我（3年）が23得点。
ダブルスコアで3回戦進出を決めた。

Pick up Scene

尽誠学園の堅い守りを底で支えたのは松尾河秋（2年生）。身長は183センチと決して高くはないが、ディフェンスリバウンド10本と奮闘した。

國學院大學久我山（東京）● 71 － 88 ●延岡学園（宮崎）

両チーム合わせて24本の3ポイントが炸裂した壮絶な打ち合い。國學院大久我山は大声援を背に後半開始から追い上げるが、最終クォーターに力尽きた。

GO!
BOO
STERS

14本の3ポイントを成功させた市立船橋が逃げ切り勝利。
明成の攻撃に東海大付属諏訪はファウルを重ねてしまう。

船橋市立船橋（千葉）●88 － 82●中部大学第一（愛知）

大声援にも押され、14本の3ポイントを決めた市立船橋が勝利。中部大第一は留学生のクリバリ（3年）を中心にインサイドでの強さがあったが追いつけず。

Pick up Scene

市立船橋の和田将英（3年）の本来のポジションはパワーフォワードながら、3ポイントが得意とあってこの試合でも7本成功させている。

明成（宮城）● 104 － 78 ○ 東海大学付属諏訪（長野）

多彩な攻撃パターンをみせた明成が100点ゲームで東海大付属諏訪に快勝。東海大付属諏訪は米山ジャバ偉生が30得点、黒川虎徹が28得点（ともに3年）と奮起するも実らず。

GO!
BOO
STERS

桜丘（愛知）● 77 － 60 ● 県立能代工業（秋田）

序盤からコツコツと得点を積み重ねていく桜丘に対し、能代工業は3ポイントで対抗。しかし、前半の出遅れが響き、接戦をものにしたのは桜丘だった。

Pick up Scene

主力が途中で退いても、5アシストを記録したハーパージャン ローレンス ジュニア（2年）など、控えメンバーがしっかりと活躍し層の厚さをみせた福岡第一。

福岡第一が九州学院に力の差をみせ
つけ勝利。トータルのリバウンド数で
も福岡第一は56、九州学院は24にと
どまった。福岡第一は出場した全員が
得点を記録。

GO!
BOO
STERS

東山はピエール（2年）が攻守に奮闘し、ゴール下を支配した。
報徳学園は強さを見せ、110点超えで準々決勝に進出する。

東山（京都）● 66 ― 44 ● 県立豊浦（山口）

重い展開の中でも東山は留学生のピエール（2年）が踏ん張りをみせ、着実に得点を重ねた。ここまで激戦を勝ち進んだ県立豊浦だったが、ベスト16の壁は高くここで敗退。

Pick up Scene

試合中、コートの中で話し合う東山の選手たち。思ったような試合が展開できない時こそ、仲間たちの意思疎通が重要になる。

GO!
BOO
STERS

岡山商科大学附属（岡山）　●81－113●　報徳学園（兵庫）

ディビッド（2年）の活躍でシード校の報徳学園が勝ち上がり。岡山商科大附属の脇真大と井上成也の3年生コンビが前日と同じくふたりで65得点を記録するも、強豪の前に涙をのんだ。

延岡学園のゲームキャプテン、森下（3年）が存在感を発揮！
福岡大附属大濠は選手層の厚さをみせ、ベスト8進出を決めた。

尽誠学園（香川）● 76 － 90 ● 延岡学園（宮崎）

延岡学園のポイントガード、森下瞬真（3年）が24得点9アシストと試合をコントロール。尽誠学園は松尾河秋（2年）が3ポイント5本を含む27得点と奮闘するも、延岡学園に力負けする結果に。

Pick up Scene

この試合で一番の存在感をみせた延岡学園の森下瞬真（3年）。ボールを持たない場面でも、大きな声でチームメイトに声をかけていた。

福岡大学附属大濠（福岡）● 75 － 60 ● 洛南（京都）

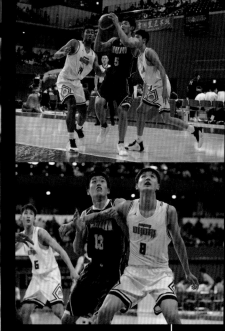

前半終了時点で同点の接戦。福岡大附属大濠はエースの横地聖真（3年）が要所で得点し、洛南を突き放す。控えメンバーも少ない出場時間で得点し、役割を果たした。

GO! BOOSTERS

3 ROUND
3回戦

明成は序盤から一気に試合を決める猛攻で市立船橋を撃破！
東京代表で唯一勝ち残った八王子学園八王子は力尽きる。

船橋市立船橋（千葉）● 73 － 95 ●明成（宮城）

明成はスタートから全開。第1クォーターで30得点を決め、一気に試合の流れをたぐり寄せる。対する市立船橋はエースの和田将英（3年）が31得点と奮闘するも及ばず。

Pick up Scene

明成のコーチは大ベテランの佐藤久夫氏。試合中、選手一人ひとりに向けて的確なアドバイスを与え続けていた。

八王子学園八王子（東京）● 66 － 86 ●北陸（総体2位／福井）

効果的に3ポイントを決めていった北陸が、シード校らしい勝ち上がりをみせた。八王子学園八王子の半田雄資（3年）はフル出場、30得点をあげる奮闘をみせた。

Quarter Final

福岡第一	WIN			桜丘	
（総体1位／福岡）		30	1st	12	（愛知）
		17	2nd	13	
87		23	3rd	10	**48**
		17	4th	13	

堅い守りから桜丘のゾーンディフェンスをあざ笑うかのような速攻を次々に繰り出す福岡第一。点差はどんどん開いていき、第1クォーター終了時点で18点差。その後も桜丘は一度も追いつくことができず、最終的には39点差でタイムアップを迎えた。

インターハイ王者、そしてウインターカップ２連覇が懸かる福岡第一と昨年３位の桜丘が激突。
河村の広い視野からのアシストなど、福岡第一が本来の強さを発揮する展開となった。

GO! BOO STERS

Pick up Scene

チームキャプテンとして福岡第一を牽引する小川麻斗（3年）。この大事な準々決勝でも力を発揮し18得点と活躍した。

準々決勝

WIN

東山
（京都）

72

13	1st	11
21	2nd	15
18	3rd	28
20	4th	14

報徳学園
（兵庫）

68

試合は前半、東山が一歩リード。しかし報徳学園も積極的なシュートが実り一時は逆転。しかし最終的には途中出場した西部秀馬（1年）の活躍もあり、東山が薄氷の勝利をつかんだ。報徳学園はディビッド（2年）のファウルトラブルが痛かった。

さまざまな試合に対応しながら勝ち進んだ東山と、インターハイ3位でシード出場の報徳学園が対決。
報徳学園が第3クォーターで一時逆転する激しい試合をものにしたのは東山だった。

GO!
BOO
STERS

東山のピエールと報徳学園のディビッドの身長2メートルを超える留学生同士のマッチアップは大迫力！

Quarter Final

WIN

福岡大学附属大濠
（福岡）

63

16	1st	13
20	2nd	13
16	3rd	16
11	4th	10

延岡学園
（宮崎）

52

ここまで3ポイントがなかなか決まらずに苦しんだ福岡大附属大濠の木林優（3年）だったが、この試合では大事なところで3ポイントが決まる。延岡学園は森下瞬真（3年）が21得点、フランシス（3年）が16得点21リバウンドと奮闘したが及ばず。

強豪を次々に打ち破り勝ち上がってきた福岡大附属大濠と、7年ぶりのベスト4を目指す延岡学園が対戦。
ロースコアの展開ながら要所を木林の3ポイントなどで加点し締めた福岡大附属大濠が凱歌をあげた。

GO!
BOO
STERS

Pick up Scene

あと一歩のところで敗戦した延岡学園だが、ゲームキャプテン・森下瞬真（3年）は攻守に懸命なプレーでチームを鼓舞し続けた。

インターハイ3回戦のリベンジを目指す明成だったが、北陸の3ポイント攻勢と厳しいシュートチェックを受けて追いつく展開に持ち込めない。さらにディフェンスリバウンドも支配され、なす術もなかった。若いチームだけに、今後の躍進に期待したい。

WIN

明成 （宮城）				北陸 （総体2位／福井）
65	20	1st	29	**86**
	13	2nd	14	
	21	3rd	20	
	11	4th	23	

1、2年生主体で徐々に調子を上げてきた明成と、その明成をインターハイで破っている北陸の対戦。
実に16本の3ポイントをゴールに突き刺した北陸が、21点差をつけて明成に快勝！

GO! BOO STERS

北陸の留学生・スレイマニ（3年）はゴール下で激しく競り合い、明成の得点源である山﨑一渉（1年）に思うように仕事をさせなかった。

Semi Final

福岡第一
（総体1位／福岡）

WIN

71

10	1st	18
18	2nd	20
30	3rd	11
13	4th	10

東山
（京都）

59

トーナメントを勝ち進むにつれて強さを増してきた東山。その力を発揮し、前半終了時点で10点リード。しかし、勝負所の第3クォーターで福岡第一の河村勇輝（3年）が真価を発揮。シュート、アシストを量産し一気に形勢逆転。そのまま勝ち切った。

最強チームといわれる福岡第一に対し、インターハイ準々決勝のリベンジに燃える東山。
序盤リードした東山を福岡第一が第3クォーターで一気に逆転し、そのまま決勝進出を決めた。

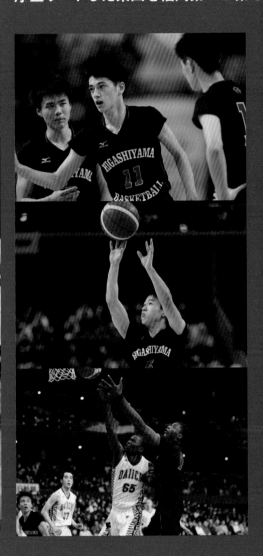

GO! BOO STERS

Pick up Scene

両チームのポイントガード対決も注目されたこの試合。福岡第一の河村勇輝（3年）、東山の米須玲音（2年）ともにフル出場を果たした。

福岡大学附属大濠	WIN				北陸	
（福岡）		23	1st	22		（総体2位／福井）
		27	2nd	18		
99		20	3rd	13		**69**
		29	4th	16		

木林優、横地聖真、西田公陽（いずれも3年）といったポイントゲッターが着実に得点を重ねていく福岡大附属大濠に対し、北陸はシュートをなかなか決められない。攻守に安定した力を発揮した福岡大附属大濠が、福岡第一が待つ決勝へと駒を進めた。

史上初の福岡勢同士の決勝を目指す福岡大附属大濠とインターハイ決勝の雪辱を果たしたい北陸が激突。
前日はよく決まった北陸の３ポイントがこの日は決まらず、徐々に福岡大大濠が圧倒していった。

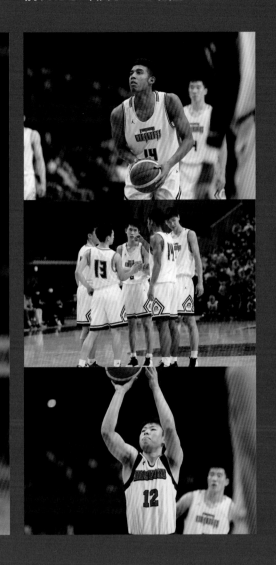

GO!
BOO
STERS

アウトサイドを中心に得点を重ねる北陸の強力な攻撃陣を、福岡大附属大濠が懸命なディフェンスで見事にシャットアウト。

WIN

福岡第一
（総体1位／福岡）

75

	福岡第一	福岡大学附属大濠
1st	23	14
2nd	19	15
3rd	17	19
4th	16	20

福岡大学附属大濠
（福岡）

68

厳しいトーナメントを勝ち上がってきた福岡大附属大濠に対し、今年度公式戦負けなしの福岡第一は順当な勝ち上がり。この決勝でも激しいディフェンスで相手に主導権を渡すことはなかった。試合終了後はお互いをたたえ合い、感動のフィナーレを迎えた。

ついに実現した史上初の福岡勢同士の決勝戦。過去２年間勝てていない福岡第一に対し、
ノーシードで勝ち上がってこの大舞台までたどり着いた福岡大附属大濠が勝負を挑む。

福岡第一のスティーブ（３年）が40分間フル出場の大活躍。31得点のほか、11回のブロックショットで福岡大附属大濠の攻撃をシャットアウトした。

GO!
BOO
STERS

MEN's BEST5　男子ベストファイブ

#60 KUBEMA JOSEPH STEVE

クベマ ジョセフ スティーブ
福岡第一3年

福岡大学附属大濠との決勝戦では31得点20リバウンド11ブロックショットとトリプルダブルを達成。センターとしての資質をすべて持つ最強の選手。

#46 ASATO OGAWA

小川 麻斗
福岡第一3年

相手との身長差を感じさせない高い身体能力で相手を翻弄する万能型ガード。今大会決勝戦でも、嫌な流れを断ち切る3ポイントシュートを決めた。

#8 YUKI KAWAMURA

河村 勇輝
福岡第一3年

卓越したパスワークはもちろん、司令塔として広い視野でゲームをコントロールできる現・日本の高校生で最高のポイントガード。まさに福岡第一連覇の立役者だ。

#8 YU KIBAYASHI

木林 優
福岡大学附属大濠3年

200センチの身長にしてドライフと3ポイントシュートを武器とする規格外の選手。ディフェンスでも力強さが増し、屈強な留学生たちとも好勝負を演じた。

#14 SEISHIN YOKOCHI

横地 聖真
福岡大学附属大濠3年

192センチと大柄でも、ガードからフォワードまでを完璧にこなすオールラウンダー。年代別の日本代表にも選出されており、今後の期待が大きい選手でもある。

BEST CHEERING

応援大賞　藤枝明誠（静岡）

2016年度大会から実施されている、選手だけでなく会場を盛り上げたスタッフや応援団などを表彰する「ウインターカップ応援大賞」。今年は男子静岡代表として出場した藤枝明誠の応援が受賞。黄色いTシャツを着た応援団やチアリーダーが、リズムの良いドラム音に合わせて飛び跳ねるその応援は、会場中を揺らすほどの大迫力だった。

BEST5 PLAYERS

#5 NODOKA FUJITA

藤田 和

岐阜女子3年

#4 MAHO HAYASHI

林 真帆

岐阜女子3年

#4 AIKA HIRASHITA

平下 愛佳

桜花学園3年

#5 MIYU OKAMOTO

岡本 美優

桜花学園3年

#8 OKONKWO SUSAN AMAKA

オコンクウォ スーザン アマカ

桜花学園2年

岐阜女子のチームオフェンス
の核となる司令塔。172センチ
の身長を活かした広い視野と
非凡なパスで、今大会でもチー
ムを決勝の舞台まで押し上げ

精度の高い3ポイントシュート
を武器に、苦しい場面でも
チームを支えてきた岐阜女子
の頼れるキャプテン。その実
力がアジアでも高く評価され

令和初の女王となった桜花学
園のキャプテン兼エースとし
て、ウインターカップでもチー
ムの優勝に大きく貢献。177
センチの身長を活かし、どこ

フィジカルが強く、どんな相
手にも当たり負けしないパワー
フォワード。今大会でも、ディ
フェンスやリバウンドに加え、
得意のミドルシュートで得点し

桜花学園不動のセンターとし
てゴール下を完全に支配した
頼もしい存在。高さだけでな
くパワーもあり、今大会もゴー
ル下の競り合いではほとんど

WINTER CUP 2019

OFFICIAL PHOTO BOOK

キーワードで振り返る
WINTER CUP 2019
激闘の記憶

楽

ENJOY

熱
HEAT

技
TECHNIC

翔

FLY

歓

HAPPY

涙
TEARS

絆
BONDS

WE ARE BEST 8

女子8強の熱き闘いをプレイバック！

取材・文：青木美帆

🏆 **女子優勝**

桜花学園 ［総体1位／愛知］

令和初の二冠を拝したのは
やはり高校バスケ界の
女王だった！

 CHAMPIONS WINTER CUP 2019 SoftB

今季三度目の二強対決は
最後まで勝敗の見えない熱戦に

女子決勝			VS 岐阜女子	
WIN		決勝戦		**LOSE**
桜花学園（総体1位／愛知）	21	1st	16	岐阜女子（総体2位／岐阜）
72	13	2nd	17	**67**
	15	3rd	13	
	23	4th	21	

桜花学園は試合開始直後に少しあわてたものの、その後はセンターのオコンクウォ スーザン アマカ（2年）を起点に地力を見せ、試合の主導権を譲らなかった。岐阜女子は最大13点のビハインドにも屈さず、粘り強いディフェンスで追随。林真帆（3年）、藤田和（3年）らの得点で、残り36秒で2点差まで詰め寄ったが、最後は力尽きた。

苦しんだ3年生たちが
気持ちでつかんだ優勝

プ決勝を戦うのは今回が初。試合序盤は硬さが目立ち、井上コーチは「これまで記憶にない」というほど早いタイミングでタイムアウトを請求した。しかし、その後は平下、岡本の両3年生が気持ちのこもったプレーで引っ張り、江村優有、前田芽衣、オコンクウォ スーザン アマカ（いずれも2年）ら下級生もそれに応え、歓喜の瞬間を迎えた。

「優勝した瞬間は夢みたいで、あまり実感が湧きませんでした」。岡本はそう笑い、平下は「いろいろ苦しいことがあったけれど、最後にこうやって優勝できて本当に良かったです。最高でした」と、しっかりとした口調で振り返った。

結果だけを見れば、高校女子バスケ界の超名門が、インターハイとウインターカップを順当に制しただけとも言える。しかし、この結果に至るまでの道のりには、選手たちのさまざまな苦労が隠れている。

井上眞一コーチがもっとも深刻視していたのは、3年生のリーダーシップの無さ。ただでさえ今年の主力は下級生主体で、試合に長く出る3年生は平下愛佳と岡本美優のみ。加えて、彼女たちは積極的にリーダーシップを発揮するタイプではないため、チームの雰囲気はなかなか引き締まったものにならなかった。

井上コーチは3年生たちに最上級生としての自覚を持たせるため、何度も厳しい言葉を投げかけた。

「このチームには3年生はいないのか？」

「3年生がだらしないからこのチームは弱いんだ！」

このような言葉を受け、3年生は何度も長時間にわたるミーティングを開いた。時には怒り、時には泣き……。出場時間の多少にかかわらず、お互いの思いをぶつけあった。今年の選手たちがウインターカッ

名門の名に恥じぬ戦いで3年ぶりの栄冠を手にした！

| 女子準決勝 | VS 大阪薫英女学院 （大阪） | 95-61 |

TOURNAMENT REPORTS

大会直前期になっても、チームには試練が続いた。12月に入っても平下と岡本の調子が上がらず、大会直前に行った練習試合では想定外の相手に敗北。「練習試合から1つも負けない」を合言葉にしていたチームは動揺し、号泣した。

どん底の状態で入った今大会。初戦の広島観音戦（117-69）、2戦目の開志国際戦（95-61）はスコア上では快勝だが、井上コーチが求めるバスケットには程遠い内容。本領発揮となったのは準々決勝の精華女子戦から。平下と岡本が吹っ切れ、アグレッシブに攻め続ける桜花学園らしいバスケットを展開すると、コーチからもめったに出ないお墨付きが。勢いに乗ったチームはそのまま決勝へと駆け上がり頂点に立った。

3年ぶりのウインターカップ優勝に、井上コーチは「この3年は10年くらい長く感じました」と感慨深げだった。

TEAM MVP

#4 平下愛佳（3年）

今季人生初のキャプテンに就任。井上コーチからは何度も「2年生と交代させる」と言われたが、最後は役割を果たした。決勝戦の最終盤でみせたアグレッシブな1対1は、圧巻の一言だった。

| 女子準々決勝 | VS 精華女子 （福岡） | 94-70 |

| 女子3回戦 | VS 開志国際 （新潟） | 97-61 |

岐阜女子 [総体2位／岐阜]

女子準優勝

夏冬連続の決勝で Vまであと一歩及ばず…

前大会王者として臨んだ決勝戦は、ライバルとして幾度となく激戦を繰り広げてきた桜花学園。相手の猛攻に崩れそうになったが、キャプテンの林真帆、司令塔の藤田和らがチームを落ち着かせ、敗れはしたものの好勝負を演じた。

| 女子準決勝 | VS 京都精華学園 (京都) | 81-63 |

TOURNAMENT REPORTS

今大会は8月のインターハイからスタメンを変更。多彩なドリブルテクニックを持つ大角地黎（3年）と、脚力のある岡田瑠生（1年）をスタメンに加え、強豪ぞろいの右側ブロックを勝ち上がってきた。

決勝の桜花学園戦は、岡田に代わって佐藤果歩（2年）をスタメンに抜擢。相手の意表を突く起用で出足を崩すことに成功したが、タイムアウトで立て直した桜花学園の勢いを止められず、ファウルトラブルも重なり流れをつかめない。

第4クォーター残り2分を切り、点差は13点。もう勝負がついたかと思われたが、選手たちはここから踏ん張り、プレスディフェンスで2点差に詰め寄ることに成功。残り5秒で林真帆（3年）が放った同点シュートはリングにはじかれ、2年連続の優勝にはあと一歩届かなかったが、安江満夫コーチは「日本一になる資格のあるチームだった」と選手たちをたたえた。

TEAM MVP

#4 林真帆 (3年)

中学時代は県大会にも出場していないが、3年間で全国に名だたるシューターとして成長した。決勝の桜花学園戦ではラストシュートを外し涙したものの、チームトップの24得点と力を発揮した。

| 女子準々決勝 | VS 県立小林 (宮崎) | 92-72 |

| 女子3回戦 | VS 浜松開誠館 (静岡) | 82-56 |

大阪薫英女学院 ［大阪］ 女子3位

「優れたチーム力」で堂々の3位入賞！

TOURNAMENT REPORTS

最初の山場となったのは、準々決勝の聖カタリナ学園戦。序盤から主導権を握ったものの、展開は予断を許さぬ一進一退。第3クォーターと第4クォーターにそれぞれ同点にこぎつけられたが、森岡奈菜未や塩谷心海（ともに3年）らの活躍もあり、66-62で勝利を収めた。

準決勝の相手は桜花学園。序盤は安田茉耶（2年）や塩谷の得点で互角に戦うも、相手の留学生センターを止められ

ず、最大得点差は44点まで広がる。森岡、塩谷、福田希望ら3年生を中心に最後まで食らいついたが、61-95と大敗し大会を終えた。

安藤香織コーチが「去年より力がない」と評した今年のチーム。それでもインターハイと今大会で3位に輝いたのは、確かな成長の証しと言えるだろう。来季は安田と中村真湖（2年）のガードコンビを中心に、さらなるステップアップに期待したい。

TEAM MVP

#4 森岡奈菜未 (3年)

キャプテン、ディフェンスの要、そしてエース。多くの役割をこなした大型オールラウンダーだ。181センチの長身ながら3ポイントも得意。聖カタリナ学園戦では23得点11リバウンドを記録した。

女子準々決勝	VS 聖カタリナ学園 (愛媛)	66-62

女子3回戦	VS 安城学園 (愛知)	79-59

京都精華学園 ［京都］ 女子3位

キャリアある選手たちが チーム史上初の3位！

TOURNAMENT REPORTS

アディアウィコエ ラリヤ ババア メイド（3年、195センチ）とトラオレ セトゥ（2年、190センチ）の規格外の高さを軸に、高橋未来、松尾祥花（いずれも3年）、荻田美（2年）ら、付属中時代に全国準優勝したキャリアのある選手たちが、しっかりと結果を出した。

アレセイア湘南戦（92-83）、明星学園戦（75-58）、県立津幡戦（93-73）と、2回戦からの3試合はいずれも競った展開から後半に突き放し、粘り強く勝ち上がってきた。しかし、準決勝で対戦した岐阜女子は、同じく長身の留学生センターを擁するチーム。自慢の高さを活かせず、逆に相手にうまさと強さを発揮されて63-81で敗れた。

ラストゲームは残念ながら完敗に終わったが、全国大会での3位入賞はチーム史上初であり、京都府女子代表としても最高位。新しい歴史を刻んだ偉業は、胸を張って誇るべきものだ。

TEAM MVP

#4 高橋未来（3年）

世代別代表選手としてのキャリアも豊富な長身ポイントガード。岐阜女子戦では、ゲームをコントロールしつつ28得点（うち3ポイント4本）と気を吐き、キャプテンとしても仲間を盛り立てた。

女子準々決勝	VS 県立津幡（石川）	93-73

女子3回戦	VS 明星学園（東京）	75-58

県立津幡 [石川] 女子BEST8

TOURNAMENT REPORTS

ハイライトは3回戦の大阪桐蔭戦。第4クォーター開始時に12点あった点差を猛烈に追い上げ、残り3秒で逆転に成功した。目標としていた4強には届かなかったが、インターハイ不出場の憂き目から見事に立て直した。

TEAM MVP

#10 中道玲夏 (3年)

昨年大会で優秀選手に輝いた181センチのセンター。大阪桐蔭戦では決勝点となるフリースローを見事に沈め、23得点。京都精華学園戦でも留学生を相手に奮戦し、22得点の活躍をみせた。

県立小林 [宮崎] 女子BEST8

TOURNAMENT REPORTS

最長身174センチという小柄なチームながら、190センチに迫る留学生を擁する高知中央を撃破。17年ぶりにベスト8入りを果たした。テーマに掲げた「世界一楽しむ」姿勢を、多くのバスケットファンに披露した。

TEAM MVP

#4 フェスターガード ヤヤ (3年)

「世界一楽しむ」というチームのスローガンを最も体現したキャプテン。ポイントガードとして的確にゲームをコントロールしながら、独特のリズムと男子顔負けのスキルで会場を沸かせた。

精華女子 [福岡]　女子BEST8

TOURNAMENT REPORTS

初戦で八雲学園に昨年大会のリベンジを達成すると、その勢いのまま初のベスト8入り。準々決勝では桜花学園に70-94で敗れたが、キャプテンの樋口鈴乃、エースの三浦舞華（ともに3年）を中心に最後まで戦い抜いた。

TEAM MVP
#7 三浦舞華 (3年)

下級生の頃からチームのエースを務めてきた三浦。華麗なワンハンドシュートから得点を量産し、済美戦では30得点（うち3ポイント5本）、桜花学園戦でも24得点。有終の美を飾った。

聖カタリナ学園 [愛媛]　女子BEST8

TOURNAMENT REPORTS

大阪薫英女学院戦は、劣勢の展開から森美月、谷月音（ともに3年）らのシュートで何度も盛り返し、第3クォーターには池松美波（3年）の3ポイントで逆転にも成功。最後は力尽きたが、多くの人に感動を届けた。

TEAM MVP
#5 森美月 (3年)

ケガに泣く時期も多かったが、復帰後は本領を発揮したポイントゲッター。大阪薫英女学院戦では執拗なマークを受けながらも、チーム最多の21得点（うち3ポイント3本）をあげた。

ALL
MATCH
REVIEW

WINTER CUP 2019 全試合完全網羅

桜 花 学 園 （総体1位/愛知）

県 立 広 島 観 音 （広島）

県 立 足 羽 （福井）

開 志 国 際 （新潟）

県 立 松 江 商 業 （島根）

明 成 （宮城）

長 崎 女 子 （長崎）

和 歌 山 信 愛 （和歌山）

富 士 学 苑 （山梨）

県 立 草 津 東 （滋賀）

済 美 （愛媛）

県 立 熊 本 商 業 （熊本）

東 海 大 学 付 属 諏 訪 （長野）

八 雲 学 園 （東京）

精 華 女 子 （福岡）

県 立 西 原 （沖縄）

千 葉 経 済 大 学 附 属 （千葉）

東 京 成 徳 大 学 （開催地）

県 立 岐 阜 商 業 （岐阜）

県 立 四 日 市 商 業 （三重）

県 立 郡 山 商 業 （福島）

埼 玉 栄 （埼玉）

聖 カ タ リ ナ 学 園 （愛媛）

安 城 学 園 （愛知）

県 立 高 瀬 （香川）

盛 岡 白 百 合 学 園 （岩手）

桐 生 市 立 商 業 （群馬）

県 立 横 手 城 南 （秋田）

明 秀 学 園 日 立 （茨城）

大 阪 薫 英 女 学 院 （大阪）

大 阪 桐 蔭 （大阪）

県 立 中 津 北 （大分）

県 立 広 島 皆 実 （広島）

酪農学園大学附属とわの森三愛 （北海道）

新 潟 産 業 大 学 附 属 （新潟）

慶 進 （山口）

県 立 津 幡 （石川）

明 星 学 園 （東京）

県 立 湯 沢 翔 北 （秋田）

県 立 山 形 中 央 （山形）

奈 良 文 化 （奈良）

ア レ セ イ ア 湘 南 （神奈川）

県 立 佐 賀 北 （佐賀）

県 立 城 北 （徳島）

京 都 精 華 学 園 （京都）

札 幌 山 の 手 （北海道）

東 海 大 学 付 属 福 岡 （福岡）

八 戸 学 院 光 星 （青森）

高 知 中 央 （高知）

鹿 児 島 市 立 鹿 児 島 女 子 （鹿児島）

倉 吉 北 （鳥取）

就 実 （岡山）

県 立 小 林 （宮崎）

昭 和 学 院 （千葉）

名 古 屋 女 子 大 学 （愛知）

浜 松 開 誠 館 （静岡）

作 新 学 院 （栃木）

高 岡 第 一 （富山）

尼 崎 市 立 尼 崎 （兵庫）

岐 阜 女 子 （総体2位/岐阜）

優勝 桜 花 学 園

W48-W49
W30-W31
W62-W63
W40-W41
W56-W57
W40-W41
W66-W67
W32-W33
W46-W47
W28-W29
W58-W59
W24-W25
W42-W43
W22-W23
W26-W27
W44-W45
W24-W25
W58-W59
W28-W29
W46-W47
W28-W29
W38-W39
W52-W53
W38-W39
W62-W63
W30-W31
W50-W51
W74-W75
W78-W79
W76-W77
W68-W69
W50-W51
W30-W31
W64-W65
W38-W39
W54-W55
W34-W35
W70-W71
W36-W37
W54-W55
W36-W37
W60-W61
W24-W25
W42-W43
W26-W27
W22-W23
W44-W45
W22-W23
W60-W61
W32-W33
W48-W49
W34-W35
W72-W73
W34-W35
W56-W57
W40-W41
W64-W65
W32-W33
W52-W53

インターハイベスト8の札幌山の手、ベスト16の高知中央
そして、U18日本代表・三浦舞華の精華女子が登場！

札幌山の手（北海道）● 72 − 85 ● 東海大学付属福岡（福岡）

東海大付属福岡は、エース・井浦菜依（3年）が20得点19リバウンドの大活躍。2年ぶりの出場となったインターハイベスト8の札幌山の手は善戦するも及ばず1回戦敗退に。

アダクビクター、井上ひかるの2年生コンビが活躍し得点を重ね、高知中央が序盤からリードする展開。八戸学院光星はキャプテン・吉田華（3年）がチームを鼓舞するも逆転できず。

八戸学院光星（青森）● 75 − 98 ● 高知中央（高知）

GO!
BOO STERS

八雲学園（東京）● 64 － 100 ● 精華女子（福岡）

精華女子はキャプテン・樋口鈴乃、U18日本代表・三浦舞華（ともに3年）の両エースが大爆発。一方の八雲学園も3年生の吉田眞子、2年生の粟谷真帆らが奮闘するも、実力に勝る精華女子に軍配。

司令塔・古木梨子が率いるアレセイア湘南が好スタート！
東京成徳大学もインターハイに続き実力を発揮した。

県立熊本商業（熊本）● 82 － 70 ● 東海大学付属諏訪（長野）

11年ぶりの出場に燃える県立熊本商業が、
シューター・大石歩優（3年）の3ポイント
を中心に得点を伸ばし、12年連続出場の
名門・東海大付属諏訪に競り勝ち、目標
の1回戦突破を決めた。

アレセイア湘南は、キャプテン・古木梨子（3年）
を核とした攻撃で予選からの好調を維持。一方、
2年生主体の県立佐賀北は、リバウンドは上回
るも得点が伸びず、悔しい敗戦に。

アレセイア湘南（神奈川）● 85 － 45 ● 県立佐賀北（佐賀）

東京成徳大学（開催地）● 82 － 57 ● 県立岐阜商業（岐阜）

前半は拮抗した試合となるも、大黒柱・小関笑（3年）の連続得点などで東京成徳大学が徐々にリードする展開に。県立岐阜商業は黒川佳愛莉、三宅里佳ら主力3年生が奮闘するも及ばず。

千葉経済大学附属が、強豪・県立西原を破る波乱！
京都精華学園は危なげない試合展開で初戦突破。

県立西原（沖縄）● 57－70 ● 千葉経済大学附属（千葉）

U18日本代表の知名祐里（3年）を擁する県立西原と、初出場の千葉経済大学附属の戦い。優博美（3年）が28得点37リバウンドの活躍をみせた千葉経済大学附属がウインターカップ初勝利を飾る。

Pick up Scene

ゴール下では圧巻の強さをみせた京都精華学園の留学生コンビ。ババア メイド（3年）はわずか15分足らずの出場で24得点を決めた。

県立城北（徳島）● 50 － 97 ○ 京都精華学園（京都）

鴻野衣琉（3年）を中心に外からの攻撃を見せた県立城北。しかし、U18日本代表の高橋未来（3年）とふたりの留学生を擁する京都精華学園が、圧倒的な試合運びで完勝。

埼玉栄（埼玉） ● 60 － 83 ○ 聖カタリナ学園（愛媛）

キャプテンの沖咲月、狩野美里ら3年生が攻守でチームを支える埼玉栄に対し、四国No.1の実力を誇る聖カタリナ学園が、得点力の高い森美月、池松美波（ともに3年）らの活躍で勝利した。

初出場の県立草津東は、奥村綾乃、中川塔子ら2年生が活躍するも、済美が25得点の松本みずき（3年）、21リバウンドの田中莉央（3年）らの活躍で初戦を突破。

県立草津東（滋賀） ● 41 － 57 ○ 済美（愛媛）

GO!
BOO
STERS

県立四日市商業（三重）● 50 － 61 ● 県立郡山商業（福島）

インターハイでベスト16の県立四日市
商業と4年連続出場の県立郡山商業と
の実力伯仲の戦いは、第3クォーター
に須釜心、円谷愛加ら2年生が爆発し
た県立郡山商業が競り勝つ。

激戦区でもある広島代表の2校が見事に初戦を突破し
横手城南 vs 明秀学園日立は打ち合いの100点ゲームに。

県立広島観音（広島）● 94 － 84 ● 県立足羽（福井）

キャプテンの小田菜月（3年）が32得点
17リバウンドと大活躍し、エースの木村
生吹（3年）が37得点をあげた県立広島観
音。県立足羽も杉本りく（3年）を中心に
健闘するが一歩及ばず。

得点力と運動量が武器の両校対決は、序盤で
大きくリードした明秀学園日立が、県立横手城
南の猛追をしのぎ勝利。明秀学園日立は柳瀬
柚奈（3年）が25得点の活躍。

県立横手城南（秋田）● 88 － 100 ● 明秀学園日立（茨城）

GO! BOO STERS

県立中津北（大分）● 66 － 80 ● 県立広島皆実（広島）

2年生の司令塔・木下菜月を中心とした攻撃をみせた県立中津北だったが、県立広島皆実がキャプテンの澤﨑唯奈、エース・得田歩菜（ともに3年）らの攻守での活躍で初戦突破を果たす。

インターハイ出場校同士が１回戦で激突する好カード！
鹿児島女子と倉吉北は男子顔負けのハイスコアゲームに。

高岡第一（富山）● 68 － 85 ○ 尼崎市立尼崎（兵庫）

２年生の濱田和亜、中田怜那らがインサイドから得点を重ねた高岡第一。しかし、キャプテンの増田楓（3年）がチームを引っ張る尼崎市立尼崎が、序盤のリードを最後まで守りきった。

14年連続出場の和歌山信愛と、Wリーグ選手を多く輩出する富士学苑の対決は、わずか3点差で富士学苑に軍配。富士学苑は芳賀保乃圭（3年）がひとりで32得点の大活躍。

和歌山信愛（和歌山）● 68 － 71 ○ 富士学苑（山梨）

鹿児島市立鹿児島女子（鹿児島） ● 93 ― 104 ○ 倉吉北（鳥取）

加藤桃子、酒井絢菜（ともに3年）を中心に攻めた鹿児島市立鹿児島女子に対し、倉吉北はキャプテン・榎紗妃（3年）はじめ、西村奏美、山本玲音ら3年生の活躍で激しい試合を制した。

県立小林、県立津幡、昭和学院と連続出場の強豪校が登場し
持ち前のプレースタイルで見事にそれぞれ初戦を突破した。

就実（岡山）● 63 − 84 ○ 県立小林（宮崎）

岡山の強豪・就実がキャプテン・山中茜音（3年）のディフェンスと岡村季保（3年）の得点で健闘するも、県立小林がポイントガードのフェスターガード ヤヤを中心とする速攻型の全員バスケで完勝。

下級生主体の慶進は1年生・大脇晴が中心のインサイドプレーで戦う。しかし、キャプテン・小山里華（3年）ら昨年のベスト4メンバー擁する県立津幡が、序盤のリードを守り勝利。

慶進（山口）● 60 − 76 ○ 県立津幡（石川）

昭和学院（千葉）● 78 － 64 ● 名古屋女子大学（愛知）

女子出場校最多の42回目のウインターカップに挑む昭和学院は、1年生エースの花島百香を中心に分厚い攻撃をみせる。対する名古屋女子大学はディフェンス、リバウンドで善戦するも及ばず。

東京都予選を1位通過した明星学園が県立湯沢翔北に勝利！
県立山形中央はエースの活躍で2点差の接戦をものにした。

明星学園（東京）● 76 − 67 ● 県立湯沢翔北（秋田）

リバウンドに定評のある留学生のエンデュランス（3年）を中心に、組織力の高い攻撃が機能した明星学園が、県予選をオール100点ゲームで勝ち上がった秋田の強豪・県立湯沢翔北に競り勝った。

Pick up Scene

鋭いドライブで相手を翻弄した県立山形中央の島村きらら（2年）。点差が広がらない難しいゲームでも、ピンチの時にゴールを決めて勝利を引き寄せた。

県立山形中央（山形）●68 − 65●奈良文化（奈良）

大会初出場を果たした県立山形中央は、エース・島村きらら（2年）が33得点の活躍。一方の奈良文化は、片岡瑞稀、櫻井悠愛（ともに3年）らが健闘するも、接戦を落とす結果となった。

'17年準優勝の安城学園ほか、インターハイ出場校が登場！
インサイドを制した新潟産業大学附属が初出場対決に勝利。

安城学園（愛知）● 88 − 64 ● 県立高瀬（香川）

佐藤愛夏、鈴木かりん（ともに3年）といった注目選手が仕事をした安城学園に対し、県立高瀬はキャプテン・吉田亜美、森内千智ら3年生が奮闘するも、層と経験に勝る安城学園が順当に勝利。

1年生エースの佐藤実花を中心に攻めた盛岡白百合学園。しかし、ジィウリアーナとクリスティーンの長尾姉妹（ともに3年）に加え、1年生が活躍した桐生市立商業に軍配。

盛岡白百合学園（岩手）● 68 − 89 ● 桐生市立商業（群馬）

GO! BOO STERS

酪農学園大学附属 とわの森三愛（北海道） ● 68－76 ● 新潟産業大学附属（新潟）

初出場校対決となった酪農学園大学附属とわの森三愛と新潟産業大学附属の戦いは、ナイジェリア人留学生レイチェル（2年）を擁する新潟産業大学附属がインサイドを制し勝利。

開志国際、明成の男女アベック出場組が圧勝で初戦突破。
浜松開誠館と作新学院は実力伯仲のシーソーゲームに！

開志国際（新潟） ● 93 － 49 ● 県立松江商業（島根）

元U17日本代表の山口里奈（3年）を擁し、序盤からゲームを支配した開志国際。島根の強豪・県立松江商業も山根示優（2年）の3ポイントなどで健闘をみせるが、開志国際の圧勝という結果に。

ディフェンス力を売りとする両校の対決は、30得点の中村優夏（3年）の活躍で明成に軍配。長崎女子も1年生・池田優が奮起し、一時は点差を縮めるも、追いつけず敗退した。

明成（宮城） ● 92 － 56 ● 長崎女子（長崎）

浜松開誠館（静岡）● 77 ― 64 ● 作新学院（栃木）

序盤から一進一退の攻防を繰り広げた浜松開誠館と作新学院。浜松開誠館は山本涼菜、作新学院は大越早姫とともに2年生が躍動し、最後は浜松開誠館が競り勝った。

京都精華学園がアレセイア湘南との接戦を制し
精華女子は主力選手の活躍で危なげなく勝利！

アレセイア湘南（神奈川） ● 83 ― 92 ● 京都精華学園（京都）

1回戦を圧勝で突破した両校の争いは、高橋未来（3年）を中心とした層の厚い攻撃をみせた京都精華学園が、アレセイア湘南の猛追を振り切り接戦を制した。

Pick up Scene

アレセイア湘南の猛追にあうも、圧倒的高さを誇る留学生ババア メイド（3年）の活躍で京都精華学園は落ち着きを取りもどした。

県立熊本商業（熊本）● 48 − 73 ● 精華女子（福岡）

精華女子・U18 日本代表の三浦舞華（3年）は2回戦でも大活躍。1人で 24得点をあげる圧倒的な攻撃力で、初戦突破の勢いに乗る県立熊本商業を難なく撃破し3回戦進出を決めた。

応援も盛り上がった関東勢対決は、東京成徳大学が勝利！
高知中央は守備でも力を発揮し3回戦への切符をつかんだ。

千葉経済大学附属（千葉）● 62 － 78 ● 東京成徳大学（開催地）

東京と千葉、関東勢対決となったこの試合は、小関笑（3年）、青野美玖（2年）のふたりを中心に得点を重ねた東京成徳大学が勝利。千葉経済大学附属は健闘するも悔しい敗戦となった。

Pick up Scene

身長188センチの高知中央・アダクビクター（2年）は、4つのブロックショットに15のディフェンスリバウンドと守備でも大活躍。

GO! BOOSTERS

東海大学付属福岡（福岡） ● 59 ー 69 ● 高知中央（高知）

井上ひかる（2年）のスティール、アダク ビクター（2年）のブロックショットなど、 ディフェンスが光った高知中央。東海 大付属福岡は果敢に攻めるも、その壁 を越えられず。

強豪ひしめく愛媛代表の2校が2回戦でも躍動！
済美、聖カタリナ学園ともに相手を圧倒して勝利。

富士学苑（山梨）● 49 − 92 ● 済美（愛媛）

松本みずき（3年）を得点源とする、走力のある攻撃が魅力の済美が、序盤から富士学苑のディフェンスを翻弄。一方、富士学苑は最後までペースをつかむことができなかった。

Pick up Scene

4本の3ポイントを含む両チームトップの32得点をあげ、随所で相手の勢いを止めた聖カタリナ学園の森美月（3年）。

県立郡山商業（福島）● 58 － 82 ○ 聖カタリナ学園（愛媛）

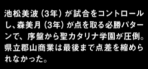

池松美波（3年）が試合をコントロールし、森美月（3年）が点を取る必勝パターンで、序盤から聖カタリナ学園が圧倒。県立郡山商業は最後まで点差を縮められなかった。

上位進出に燃える県立小林が100点ゲームで2回戦突破！
インターハイ王者・桜花学園も県立広島観音に圧勝。

倉吉北（鳥取）● 62 － 103 ● 県立小林（宮崎）

フェスターガード ヤヤを中心とした素早い攻撃で、2年生・江頭璃梨ら4人が2ケタ得点をあげた県立小林。倉吉北はキャプテンの榎紗妃（3年）が奮闘するも、後半からその差を広げられ万事休す。

Pick up Scene

高いディフェンス能力で倉吉北の攻撃をシャットアウトした県立小林の老山花歩（3年）。4本の3ポイントを決め攻撃でも貢献。

スタメン5人がきっちりと仕事をこなし、前半だけで大差をつけた桜花学園。県立広島観音は木村生吹（3年）が果敢に得点を狙うも、最後まで追いつくことはできなかった。

GO!
BOO
STERS

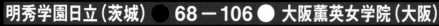

大阪薫英女学院と大阪桐蔭の大阪代表2校が登場！
ともに危なげないゲーム展開で2回戦を突破した。

ROUND 2
2回戦

明秀学園日立（茨城）● 68 － 106 ● 大阪薫英女学院（大阪）

前回大会準優勝の大阪薫英女学院が登場。藤井七帆（2年）、塩谷心海（3年）らの活躍で100点ゲームを演じ、組織力のある明秀学園日立を圧倒。危なげなく2回戦を突破した。

Pick up Scene

敗れはしたものの、明秀学園日立のキャプテン・柳瀬柚奈（3年）はこの試合トップとなる31得点をマークし奮闘した。

大阪桐蔭（大阪）● 81 － 56 ● 県立広島皆実（広島）

インターハイベスト4の大阪桐蔭が、
エースのアニイタ（3年）を中心とした層
の厚い攻撃で勝利。対する県立広島皆
実は、廣田萌々（2年）らの活躍で一時
猛追するも、最後は力及ばず。

前回大会王者の岐阜女子が、さらなる進化を遂げ登場！
1回戦でその力を証明した安城学園も桐生市立商業を撃破。

尼崎市立尼崎（兵庫）● 54 － 80 ● 岐阜女子（総体2位／岐阜）

前回王者の岐阜女子に挑んだ尼崎市立尼崎だったが、岐阜女子が林真帆（3年）の連続3ポイントなどで序盤にリードした点差を守りきり、危なげなく勝利を飾った。

Pick up Scene

7本の3ポイントを決めて試合を決定づけた岐阜女子のキャプテン・林真帆（3年）が、真のエースに成長した姿を披露した。

安城学園（愛知）● 71 － 57 ● 桐生市立商業（群馬）

安城学園は鈴木かりん（3年）、美口まつり、関遥花（ともに1年）といった長身選手がパワーと高さで試合を支配。長尾クリスティーン（3年）ら4人のポイントガードが躍動した桐生市立商業はここで敗退。

GO!
BOO
STERS

多彩なタレントを擁する明星学園が猛追をはね退け勝利。
ゴール下の激しい攻防を制した県立津幡が3回戦進出を決めた。

明星学園(東京) ● 89 － 64 ● 県立山形中央(山形)

インサイドの強さを活かした攻撃でリードを奪った明星学園。県立山形中央もシューターの佐藤叶(3年)が8本の3ポイントを決め追いかけたが、攻守で層の厚い明星学園が勝利した。

Pick up Scene

県立津幡の長身センター・中道玲夏(3年)が25得点の大爆発。相手の長身留学生とのマッチアップでも大健闘をみせた。

新潟産業大学附属（新潟）● 60 － 73 ● 県立津幡（石川）

長身留学生センターのレイチェル（2年）を起点にした攻撃をみせた新潟産業大学附属だったが、同じセンターの中道玲夏（3年）が1人で25得点をあげた県立津幡がこの激戦をものにした。

昭和学院と浜松開誠館の試合はともに若い選手が躍動！
開志国際と明成は2点差で決着がつく超接戦となった。

昭和学院（千葉）　● 55 － 66 ● 浜松開誠館（静岡）

若いチーム同士の戦いは、山本涼菜、黒川菜津奈ら2年生が活躍した浜松開誠館に軍配。昭和学院で20得点の花島百香も1年生なだけに、どちらも今後につながる試合となった。

Pick up Scene

試合終盤、立て続けに3ポイントを決めた開志国際のシューター・伊藤和希（3年）。勝利をもぎ取る大仕事をやってのけた。

GO! BOOSTERS

開志国際（新潟）● 72 － 70 ● 明成（宮城）

序盤から一進一退の攻防を繰り広げた両校。エースの山口里奈（3年）を中心に攻める開志国際に対し、明成は堅守速攻の全員バスケで対抗。最後はわずか2点差で開志国際が接戦を制した。

SoftBank

精華女子が済美を下し悲願のベスト8進出を決める。
聖カタリナ学園は東京成徳大学相手に逆転勝利！

済美（愛媛）● 76 － 89 ○ 精華女子（福岡）

済美は司令塔・三原愛莉（3年）、三原梨央（2年）の姉妹が活躍するも、U18日本代表のエース・三浦舞華（3年）が30得点と大活躍した精華女子が、前回大会で涙をのんだ3回戦を突破した。

Pick up Scene

東京成徳大学のエースとして活躍してきた小関笑（3年）。この試合も25得点12リバウンドと奮闘したが、勝利をつかむことはできず。

GO! BOOSTERS

東京成徳大学（開催地）● 61 － 67 ● 聖カタリナ学園（愛媛）

前半を東京成徳大学の6点リードで折り返したが、聖カタリナ学園が森美月（3年）を中心とした運動量のある攻撃でジリジリと追いつき、第4クォーターには逆転して劇的勝利を飾った。

堅い守りから確実に得点を重ねた京都精華学園。
爆発力のある攻撃をみせた県立小林が準々決勝へ！

明星学園（東京）● 58 ― 75 ○ 京都精華学園（京都）

キャプテン・田中ナターシャ絵里がチームを鼓舞し果敢に攻めた明星学園。しかし、京都精華学園のパワーフォワード・荻田美が攻守でこの試合一番の貢献をみせ、チームを勝利に導く。

Pick up Scene

県立小林の爆発力の核であるエースのフェスターガード ヤヤ（3年）。中盤からは自らも積極的に得点を狙い勝利を呼び込んだ。

高知中央（高知）● 69－101 ● 県立小林（宮崎）

井上ひかる、アダクビクターの2年生コンビが奮闘した高知中央だったが、前半からの爆発的な攻撃で一気にリードを奪った県立小林が、そのまま猛追を振り切り準々決勝へ。

GO!
BOO
STERS

３回戦・開志国際が相手でも桜花学園の強さは健在！
日本一を目指す大阪薫英女学院も強敵・安城学園を倒す。

桜花学園（総体１位／愛知）● 97 － 61 ● 開志国際（新潟）

２年生ガードの前田芽衣がこの試合一番の働きをみせた桜花学園が、序盤から突き放す試合展開。開志国際はエース・山口里奈（３年）らが果敢に攻めるも、最後まで主導権を握れず敗戦。

Pick up Scene

強豪・大阪薫英女学院相手でも、３本の３ポイントを含む 29 得点をひとりで稼いだ安城学園のエース・佐藤愛夏（３年）。

安城学園（愛知）● 59 ー 79 ● 大阪薫英女学院（大阪）

安城学園は佐藤愛夏（3年）が孤軍奮闘するも、インサイドで仕事をさせてもらえず得点が伸びず。対する大阪薫英女学院は、キャプテン・森岡奈菜未（3年）を中心に組織力で勝利した。

GO! BOOSTERS

シーマーティービー

県立津幡がインターハイベスト４の大阪桐蔭に劇的勝利！
前回大会王者の岐阜女子は余力を残した快勝で準々決勝へ。

大阪桐蔭（大阪）● 71－72 ● 県立津幡（石川）

この日一番会場を沸かせたこの試合。第３クォーターまで大阪桐蔭がリードする展開も、県立津幡が第４クォーターに猛追して同点に追いつき、最後はフリースロー１本の差で劇的勝利をあげた。

Pick up Scene

当たりの厳しいポジションで40分間戦い続けた県立津幡のセンター・中道玲夏（3年）。勝敗を分けた1点は中道のフリースローだ。

浜松開誠館（静岡）● 56－82 ● 岐阜女子（総体2位／岐阜）

若いチームゆえ経験に劣る浜松開誠館に対し、先の戦いを見据えて少しでも主力を温存したい岐阜女子は、途中出場の多かった留学生のライ（3年）をスタメン起用するなどして貫禄の快勝。

桜花学園は平下愛佳（3年）、精華女子は三浦舞華（3年）と、U18日本代表が中心となり得点を重ねる。序盤は点差の広がらない展開が続いたが、中盤以降、インサイドでアマカ（2年）、アウトサイドで江村優有（2年）と、層の厚い桜花学園が勝利。

WIN

[桜花学園]
（総体1位／愛知）

94

23	1st	18
21	2nd	16
31	3rd	13
19	4th	23

[精華女子]
（福岡）

70

順当に勝ち上がったインターハイ王者の桜花学園と、初のベスト4を狙う精華女子が激突。
U18日本代表が顔を連ねた、超ハイレベルな戦いを制したのは桜花学園だ！

チームに勢いをもたらす高いシュート成功率で、この試合28得点と大活躍の桜花学園キャプテン・平下愛佳（3年）。

序盤から両者互角の展開が続くも、キャプテン兼エースの森岡奈菜未（3年）が内外からのシュートを決めた大阪薫英女学院が4点リードで前半を折り返す。最終的には大阪薫英女学院が前半にリードした4点の差を最後まで守りきり、見事に聖カタリナ学園を破った。

聖カタリナ学園 （愛媛）			WIN 大阪薫英女学院 （大阪）
	12	1st	17
	18	2nd	17
62	14	3rd	14	**66**
	18	4th	18

激戦を勝ち上がった聖カタリナ学園に対するのは、強豪・大阪薫英女学院。
最後まで勝敗の分からない互角の勝負は、わずか4点差で大阪薫英女学院に軍配！

GO!
BOO
STERS

Pick up Scene

拮抗する試合展開の中でも、キャプテン・森岡奈菜未（3年）が冷静に得点を重ねて逆転を許さなかった大阪薫英女学院。

Quarter Final

キャプテン・小山里華（3年）を中心に、積極的に得点を狙う県立津幡に対し、京都精華学園が粘り強いディフェンスでペースをつかみ、高橋未来（3年）の3ポイントなどで点差を開いていく展開。終わってみれば京都精華学園が20点差をつけて初の準々決勝進出を決めた。

県立津幡 (石川)			京都精華学園 (京都) WIN
73	17	1st	24	93
	18	2nd	17	
	15	3rd	23	
	23	4th	29	

前回大会はベスト４に進んだ県立津幡と、ベスト８に終わった京都精華学園。
互いに譲れない準々決勝を京都精華学園が制し、初のウインターカップベスト４進出に！

京都精華学園スタメン組の中でも一番長い36分以上出場した関瑞葵（3年）は、この試合の攻撃の起点となり5アシストを記録。

フェスターガード ヤヤ（3年）から展開する走るバスケが武器の県立小林。しかし、ふたりの長身留学生や、林真帆（3年）の3ポイントなど、内外で強さをみせた岐阜女子には及ばず敗戦。それでも、県立小林は最後まで死力を尽くし走り抜いた。

県立小林 (宮崎)			岐阜女子 (総体2位／岐阜) WIN
72	16	1st	23
	19	2nd	25
	19	3rd	23
	18	4th	21
			92

走るバスケで勝ち進んできた県立小林が、前回大会優勝の岐阜女子と激突！
結果は岐阜女子の勝利だが、県立小林も最後まで死力を尽くした。

猛攻をみせる県立小林を突き放す5本の3ポイントを決めた岐阜女子キャプテンの林真帆（3年）。23分強の出場で22得点は圧巻。

186センチのセンター・アマカ（2年）が圧倒的な存在感を示し、相手にゴール下で仕事をさせなかった桜花学園。終盤、大阪薫英女学院も必死に食い下がったが、桜花学園はスタメン以外のメンバーも活躍するなど、終始安定した試合運びで、危なげなく決勝への切符を手にした。

WIN

桜花学園
（総体1位／愛知）

95

25	1st	15
18	2nd	10
24	3rd	6
28	4th	30

大阪薫英女学院
（大阪）

61

インターハイ王者の桜花学園と前年準優勝の大阪薫英女学院が戦った準決勝。
終始安定した試合運びでリードし続けた桜花学園が3年ぶりのウインターカップ決勝へ！

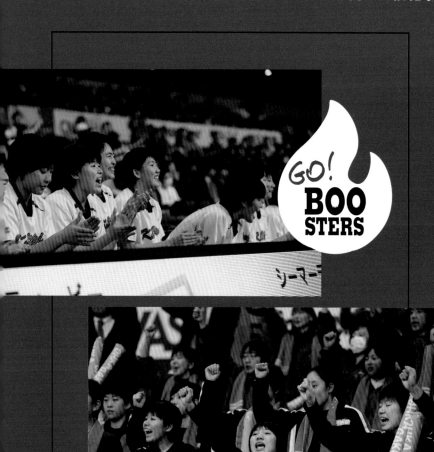

GO!
BOO
STERS

Pick up Scene

ここまで活躍機会の少なかった控えセンターの田中平和（3年）が、途中出場で20得点をあげる大活躍。桜花学園の層の厚さを証明した。

U18日本代表がキャプテンを
務め、強力なインサイドと外角
シュート、そして堅守を武器に勝
ち進んできた両校による準決勝。
それでも岐阜女子が、大角地黎
（3年）の得点などで一気にリード
を奪い、最後まで京都精華学園
の追随を許さず、2年連続で決勝
に進出した。

[京都精華学園]
（京都）

63

WIN

[岐阜女子]
（総体2位／岐阜）

81

12	1st	29
10	2nd	30
23	3rd	9
18	4th	13

ともにU18日本代表を擁し、盤石な戦いでここまで勝ち進んできた両校。
岐阜女子が序盤から京都精華学園を突き放し、2年連続の決勝進出を決めた！

Pick up Scene

身長こそ小さいが、鋭いドライブや外角シュートなど、多彩な攻撃で24得点をあげ、この試合の主役となった岐阜女子の大角地黎（3年）。

アマカ（2年）、平下愛佳（3年）を軸としたインサイド中心の攻めで確実に得点していく桜花学園。対する岐阜女子は、キャプテン・林真帆（3年）がアウトサイドからシュートを放つも、リバウンド対決を制することができず。今年の決勝は桜花学園の夏冬二冠達成で幕を閉じた。

WIN

桜花学園（総体1位／愛知）			岐阜女子（総体2位／岐阜）
	21	1st	16
	13	2nd	17
	15	3rd	13
	23	4th	21
72			**67**

ウインターカップ女子決勝はインターハイ決勝と同じカード、桜花学園と岐阜女子の対決！
離してもくらいつく互角の戦いを逃げ切り、桜花学園が令和初の夏冬二冠を達成した。

Pick up Scene

桜花学園は25得点14リバウンドのアマカ（2年）がゴール下を完全に支配し、チームに勢いをもたらした。

GO! BOO STERS